LE GOLFE PERSIQUE

ROUTE DE L'INDE ET DE LA CHINE

PAR

A. D'AVRIL

MINISTRE PLÉNIPOTENTIAIRE

AVEC UNE CARTE DU GOLFE PERSIQUE

EXTRAIT DE LA Revue des Questions Diplomatiques et Coloniales

PARIS

AUGUSTIN CHALLAMEL, ÉDITEUR

Librairie Maritime et Coloniale

17, RUE JACOB

1901

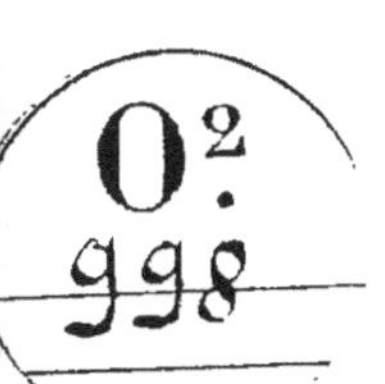

LE GOLFE PERSIQUE

ROUTE DE L'INDE ET DE LA CHINE

PAR

A. D'AVRIL

MINISTRE PLÉNIPOTENTIAIRE

AVEC UNE CARTE DU GOLFE PERSIQUE

EXTRAIT DE LA **Revue des Questions Diplomatiques et Coloniales**

PARIS

AUGUSTIN CHALLAMEL, ÉDITEUR

Librairie Maritime et Coloniale

17, RUE JACOB

1901

LE GOLFE PERSIQUE

ROUTE DE L'INDE ET DE LA CHINE

L'homme qui préside aujourd'hui aux destinées de l'Inde — ou plutôt qui les dirige — signalait en 1892 la Perse comme un champ clos entre l'Angleterre et la Russie : « La destinée de la Perse, disait lord Curzon, encore indécise, servira de pierre de touche aux forces comme aux chances d'avenir des deux combattants [1]. »

L'un des champs où s'agite déjà la rivalité, où un conflit peut éclater, est bien connu : c'est l'Afghanistan. Nous n'en parlerons pas ici, pour nous attacher uniquement à la rencontre des deux influences dans le golfe Persique.

« Le golfe Persique, écrivait le *Levant Herald* le 18 janvier 1872 [2], est, plus même dans une certaine manière que la mer Rouge, le portail de l'Inde. Et malheur à nous si d'autres que nous tiennent la clé .. Que le gouvernement ottoman soit maintenant disposé et assez certainement décidé à jouer dans les mains de la Russie, ce n'est pas une oiseuse imagination. C'est un fait assuré que la prépondérance (*suzerainty*) russe est à présent la meilleure carte de la Turquie. Et elle est trop avisée pour ne pas en faire l'essai... Seulement je remarque que nous sommes, à l'occasion, saisis d'un tremblement nerveux par le voisinage de la Russie à notre frontière indienne du Nord-Est : ne pouvons-nous pas comprendre que la Russie est beaucoup plus rapprochée de Bombay et au vrai cœur de notre domination indienne par le golfe Persique? »

---

[1] Lord Curzon, dont nous rencontrerons le nom plus d'une fois au cours de cette étude, a écrit sur la Perse un livre fondamental : *Persia and the persian question*, 2 vol. in-8°, Londres, 1892.

[2] D'après *Pall Mall Gazette*.

I

QUELQUES PRÉCÉDENTS.

« C'est autour du golfe Persique que se préparent les orages politiques de l'avenir et que se livre le vrai combat pour la domination politique. » Voilà ce que disait le *Times of India* au mois d'avril de l'année 1899. C'est de l'Inde, en effet, que devait venir le cri d'alarme.

L'histoire nous apprend que les conquérants et possesseurs de la Mésopotamie et de l'Inde ont toujours fixé leurs regards de ce côté, à commencer par Nabuchodonosor et Alexandre le Grand. Nous ne nous y arrêterons pas; c'est si vieux! Rappelons seulement que le vainqueur de la Perse pleura de joie en apprenant que son lieutenant Néarque, parti de l'Indus, était parvenu au fond du golfe Persique.

Le fils de Philippe méditait, dit Plutarque, d'envoyer, par les colonnes d'Hercule, une escadre au périple de l'Afrique. S'il eût vécu, Alexandre eût donc découvert le cap de Bonne-Espérance — ou peut-être, Eurus le poussant au large, eût-il rencontré l'Amérique. — Pourquoi pas?

Après l'invasion musulmane et avant la découverte du cap de Bonne-Espérance, une petite île, située non loin de la côte asiatique du large détroit qui fait communiquer le golfe Persique avec l'océan Indien, l'île d'Ormuz, était devenue le principal entrepôt du commerce de l'Inde. Les trésors de l'Orient y étaient entassés ou entreposés. Un ambassadeur du roi de Perse, qui visita Ormuz en 1442 lorsqu'il se rendait dans l'Inde, soutenait que cette ville n'avait pas d'égale dans le monde (Dubeux, p. 53).

Au mois de septembre 1507, le grand Portugais Albuquerque vient mettre le siège devant Ormuz, défendue par une soixantaine de bâtiments armés en guerre : le héros n'avait qu'une flottille de sept voiles montée par 460 hommes, tant matelots que soldats. Aussitôt arrivé, Albuquerque va audacieusement jeter l'ancre au milieu des cinq plus forts bateaux de l'ennemi; il adresse une proclamation à ses hommes, où il disait notamment : « La fortune pourra bien incliner du côté où elle voudra. Pour moi, j'espère, par la passion de Jésus-Christ dans laquelle je mets toute ma confiance, que je casserai la tête à ces musulmans, et que je rendrai leur roi tributaire du roi notre seigneur; ou bien ils porteront ma tête en trophée dans leurs mains. » Le combat dura toute la journée : le soleil était déjà couché lorsque le roi d'Ormuz se rendit, et le drapeau portugais flotta sur l'île : il y resta 115 années, pendant lesquelles l'imagination de l'Occident fut fascinée jusqu'au *Far-West* par la splendeur d'Ormuz, comme en témoignent ces vers de Milton :

High on a throne of royal state which far
Outshone the wealth of Ormuz and of Ind...

Aussi le prestige du Portugal est-il resté profondément gravé dans l'imagination indienne jusqu'à nos jours, nonobstant tout ce qui s'est passé depuis le XVIIe siècle. L'impression des triomphes portugais, dans ces contrées, n'avait pas été moindre qu'en Europe. Voici ce que l'évêque de Montpellier écrivait de Venise à François Ier, les 15 et 20 février 1541 : « Le roy de Portugal avait prins la Balserada, qui est une isle au devant de la bouche du goulfe de la mer Rouge, qui tient ce passaige en telle subjection que l'isle de Ormuz faict la bouche et entrée du goulfe de la mer Persicque, car à l'entrée ou issue de chascun desdits goulfes faut l'estape ausdites isles respectivement [1]. »

Abbas le Grand s'était emparé, sur les Portugais, des îles Bahrein, où se pêchent les perles. Ce roi de Perse jalousait surtout les avantages que, pour les relations avec l'Inde, la possession d'Ormuz procurait aux Portugais. Incapable de les déloger lui-même, il obtint, en 1622, que les agents de la Compagnie anglaise des Indes orientales, arrivés dans le pays depuis 1613, se fissent les exécuteurs de la male œuvre, à laquelle ces agents étaient d'ailleurs incités par les rigueurs qu'exerçaient les autorités portugaises contre les navires et équipages anglais. Les Portugais se défendirent vaillamment, mais sans succès [2].

« Chabbas, écrit le P. Raphaël du Mans, en raison du service que lui rendirent les Anglais en l'aidant à prendre Ormuz sur les Portugais, leur donna exemption des péages sur tous les chemins du Bender, Lar, Chiras, Hispan, etc., tant pour entrer que pour sortir du royaume, quelque quantité de marchandises qu'ils eussent. De plus, il fit convention avec eux de leur donner la moitié de la douane des marchandises qui viennent des Indes, de la paier au Bender-Abassi, ayant transféré la douane de Ormuz à ce Bender-Abassi. »

Ormuz ne se releva jamais du coup que lui portait la Compagnie anglaise neuf ans après son apparition dans ces eaux : il n'en resta au Portugal que la gloire du grand Albuquerque. Le trafic du golfe passa à l'ancien Gamron, depuis Bender-Abbassi, ainsi nommé du nom du Schah-Abbas, qui y attira les Européens. « C'est par là que passa, pendant plusieurs siècles, la plus grande partie des marchandises qui, arrivant des Indes, viennent en Perse se distribuer dans le païs et de là passer aux autres circonvoisins. »

1 CHARRIÈRE, *Négociations de la France dans le Levant*, t. I, p. 467.

2 On trouve le récit peu édifiant de l'accord anglo-persan et de son exécution dramatique dans l'introduction de Schefer à l'*Estat de la Perse en l'an* 1660, par le P. RAPHAEL DU MANS (Paris, Leroux, 1890, p. XXIV et suivantes).

Bender-Abbassi, situé sur la terre ferme vis-à-vis Ormuz, à l'entrée même du golfe Persique, a donc joué un grand rôle depuis l'effondrement d'Ormuz. Aussi le P. Raphaël de Mans a pu dire : « La Perse est comme un grand caravansérail qui n'a que deux portes, l'une du costé de la Turquie par laquelle entre l'argent qui vient d'Occident... L'autre porte de sortie est le Bender-Abbassi ou (quondam) Kommoron sur le Sinus *Persicus* pour aller aux Indes, à Surrat, où se va décharger tout l'argent de l'univers et, de là, comme tombé dans un gouffre, il n'en ressort plus ; car il ne tourne pas à compte de rapporter de là de l'argent monnoyé, puisque, l'employant là en marchandises, l'on gaigne jusques en Perse quelques cinq à six par cent... [1].»

Les Hollandais avaient à Bender-Abbassi un comptoir considérable au XVIIe siècle. En 1626, Richelieu résolut d'envoyer en Perse une mission, visant les possessions indiennes qui avaient passé du Portugal à l'Espagne. L'ambassadeur ayant été empêché de continuer sa route, la mission, qui devint exclusivement religieuse, fut remplie par le Père Pacifique (1627) qui fut reçu par le Schah dont il rapporta une lettre royale et des étoffes à Louis XIII. Il avait trouvé l'assistance des Arméniens et obtenu l'autorisation de fonder des monastères français à Bagdad et à Ispahan.

De même qu'Alexandre le Grand, un nouveau conquérant de l'Inde, Nadir Schah (1747), tourna ses regards vers le golfe Persique et comprit combien il importerait à la Perse d'y entretenir une force navale. Il fit venir à grands frais du Mazendéran, la plus septentrionale de ses provinces, le bois nécessaire à la construction d'un gros navire qui devait porter une soixantaine de canons. Ce fut en vain : le navire resta à pourrir ou à se dessécher dans le port de Bouchyr, et en 1811 sir William Ouseley put encore y contempler la carcasse du monument stérile dû au génie de Nadir : elle y est peut-être encore.

C'est que les Persans, comme les anciens Iraniens, n'ont pas d'aptitude à la marine, pas plus au Nord qu'au Sud. Il est curieux de noter qu'en 1683, le roi de Suède proposait au Schah de lui construire une flotte sur la mer Caspienne : il demandait, pour ses agents, l'autorisation d'explorer les forêts du Mazandéran [2]. Nous ne savons pas si la nature et la main plus destructive de l'homme ont conservé dans le Mazendéran les forêts de construction exploitées au XVIIIe siècle par Nadir Schah ; mais, s'il en existe encore, elles ne serviront certainement pas à l'établissement d'une marine persane sur la mer Caspienne. Bien plutôt seraient-elles utilisées à transporter les bal-

---

1 *Estat de la Perse*, p. 192.

2 *Ibid.*, p. LX.

lots et voyageurs russes de Bakou ou d'Astrakan à l'autre rive de la mer Caspienne. Nous sommes déjà loin, en effet, de 1660, alors que le Père R. du Maur écrivait: » Sur la mer Kaspie sont quelques vaisseaux des Mosquoviles, le tout assez mal bâti, ainsi que le païs et l'industrie grossière leur peuvent permettre. »

Dès l'année 1664, il s'était formé en France, pour le commerce des Indes, une première Compagnie qui ne fit rien. Le 26 mai 1664, il se formait une nouvelle Compagnie qui devait accréditer des agents à Ispahan, à Chiraz et à Bender-Abbassi, où l'un de ces agents, Lelain, mourut d'une fièvre pernicieuse en 1666. On avait promis au gouvernement persan l'arrivée à époques fixes de navires marchands français dans ce port.

Je ne m'arrêterai pas à exposer la suite des relations de la France avec la Perse, relations qui eurent bientôt pour objet principal la protection des missions des capucins et des jésuites, sans viser aucunement la pénétration par le golfe Persique [1].

Dans son *Histoire de la diplomatie française* (livre VII), Flassan raconte une négociation avec la Perse à la fin du règne de Louis XIV, négociation à laquelle furent mêlés quelques personnages interlopes. Dans le récit intitulé : *Les mille et une nuits d'une ambassadrice*, M. de Maulde-la-Clavière expose les vues qui avaient été échangées avec un nommé Fabre : « La Perse était disposée à entrer dans une ligue avec la France contre l'imam arabe de Mascate, qui tenait les clés du golfe Persique. Pour prix de son concours, elle offrait à la France la ville et les forts de Mascate (qui ne lui appartenait pas) ; par cette excellente étape sur la route des Indes, la France commandait la Perse, d'où on promettait de chasser les autres nations... Quant à la Perse, elle s'assurait une sécurité parfaite et une bonne police dans le golfe Persique... »

Ce n'est pas sur de telles bases que fut signé à Versailles le traité de commerce du 13 août 1715 [2]. Le traité antérieur de 1708 était confirmé. L'article V assurait la préséance en Perse à l'ambassadeur de S. M. T. C., aux consuls, agents et facteurs des négociants français.

A l'époque de la guerre de Crimée, qui barrait la route du Nord, nous rencontrons la venue à Bouchyr de la légation française, dont Bourée était le chef. Le premier secrétaire était le comte de Gobineau, qui a publié sur la Perse et sur d'autres sujets tant de livres intéressants.

---

[1] *Estat de la Perse* en 1660, Introduction de Schefer, p. XLVII à LIX.
[2] Publié par M. DE CLERCQ (*Traités de la France*, t. I).

II

LA COTE OCCIDENTALE

Sous la dénomination assez peu précise de El-Haça, la côte occidentale du golfe Persique fait partie de l'empire ottoman : elle se rattache au Nedjed, où éclata le ouahabisme dans les dernières années du XVIIIe siècle. Deux points du El-Haça méritent seuls de retenir un instant l'attention : El-Katif et Bahreïn, expression un peu vague, qui a compris non seulement l'archipel, mais aussi la terre ferme. « A partir du Bahreïn, écrivait Edrisi au XIIe siècle, dans la direction de Bassora, le pays est un vaste désert, où l'on ne trouve pas d'eau, pas de villes, pas de lieux fortifiés... L'île principale du Bahreïn a pour capitale une ville bien peuplée, dont les environs produisent du grain et des dattes. Il s'y trouve beaucoup de sources, qui fournissent assez d'eau pour faire tourner des moulins. C'est dans cette ville qu'habitent les personnes qui se livrent à la pêche des perles [1]. »

Dans l'une et l'autre des deux localités ci-dessus indiquées sur la côte occidentale, on devait s'attendre à voir apparaître les Anglais. Les pirates ouahabites, en effet, avaient attaqué plusieurs fois des navires anglais, même le pavillon de guerre. En 1819, les Anglais débarquèrent trois mille hommes à El-Katif, sous prétexte de venir en aide à Méhémet-Ali, alors engagé dans la répression de la révolte du Nedjed ouahabite. A cette occasion, le capitaine Sadler traversa l'Arabie dans toute sa largeur depuis El-Katif, sur le golfe Persique, jusqu'à Iambo sur la mer Rouge. Méhémet-Ali trouvait suffisante l'action anglaise en Egypte : il refusa net le concours de l'Angleterre en Arabie et soumit seul les ouahabites du Nedjed [2].

Si le petit archipel de Bahreïn est attractif par la pêche des perles, il ne l'est pas par le climat : c'est une des régions les plus torrides du globe. Peu de pluie, pas de puits. Un plongeur va chercher l'eau douce à des sources jaillissant du fond de la mer. L'archipel est situé à l'ouest de la presqu'île Katar, en territoire ottoman, et dans le voisinage de l'État de Mascate.

Cependant la pêche des perles devait y attirer les Anglais. Vers 1894, la Grande-Bretagne exerça sur l'archipel Bahreïn une sorte de possession ou un protectorat. En 1895, à propos d'une querelle avec les gens de la côte du Katar, le pacha gouverneur de la

---

1 Mémoire sur le commencement et la fin du royaume de la Mésène et de la Karacène... par REYNAUD, dans le *Journal Asiatique* de 1861, n° 6. — Sur Bahreïn, voir CURZON, *Persia*, t. II, p. 445.

2 *L'Arabie contemporaine*, par A. D'AVRIL. Paris, Challamel, p. 21.

côte ottomane à El-Haça opéra une manifestation pour occuper le Bahreïn. Les vaisseaux de guerre anglais *Sphinx* et *Pigeon* dispersèrent les barques et bombardèrent la ville de Zabara, située vers l'extrémité occidentale du Katar, vis-à-vis le Bahreïn.

Au nord de la côte occidentale est le petit port de Fao, situé à l'embouchure du Tigre et de l'Euphrate, réunis pour former ce qu'on appelle le Chatt-el-Arab. En 1896, le résident britannique s'y rendit de Bouchyr avec deux navires de guerre, pour y installer un agent consulaire.

Au sud, sur cette même côte occidentale, vers l'est, s'étend l'empire ou imamat d'Oman ou de Mascate, qui, après avoir longé le golfe Persique, s'étend au sud-ouest sur l'océan Indien, jusqu'à la localité de Mirbat, au nord de l'île Sokotora. C'est un pays arabe, qui fut conquis sur la Perse au XVIIIe siècle. En 1862, il a été conclu, entre la France et la Grande-Bretagne, une convention réglant la situation diplomatique de l'imamat vis-à-vis des deux Puissances contractantes. En 1899, un conflit surgit à propos de la concession à la France d'un dépôt de charbon près la ville même de Mascate. Le conflit est apaisé. Nous ne nous y arrêterons pas, parce que l'incident est étranger à l'objet de ce travail. Du reste, les explications entre les deux gouvernements ont porté uniquement sur le dépôt de charbon, et M. Delcassé, dans son discours du 6 mars, s'y est adroitement confiné. On doit remarquer cependant que, de cet apaisement localisé, il ne résulte pas que, dans leurs rapports avec l'Oman, les Anglais soient restés fidèles à l'esprit de la convention de 1862, surtout depuis la nouvelle situation créée à Zanzibar [1].

Ajoutons que le vice-roi des Indes, pour se décider à envoyer, sans crier gare, une escadre et à menacer d'un bombardement, a été probablement inspiré par l'idée, répandue en Angleterre, que la France agit de concert avec la Russie, dont on annonçait l'intention de créer un consulat à Mascate; cette dernière puissance paraît pressée de devancer, dans le golfe Persique, l'Allemagne, qui y atteindra par le Nord, grâce au chemin de fer concédé en Asie-Mineure. Lord Curzon, qui a ordonné cette manifestation, est un prime-sautier réfléchi dont les *ex abrupto* sont des improvisations raisonnées.

---

1 La question complète a été exposée par le *Times* au mois de février 1899, en un article qui fut reproduit intégralement dans le journal français *Univers et Monde*, le 7 du même mois.

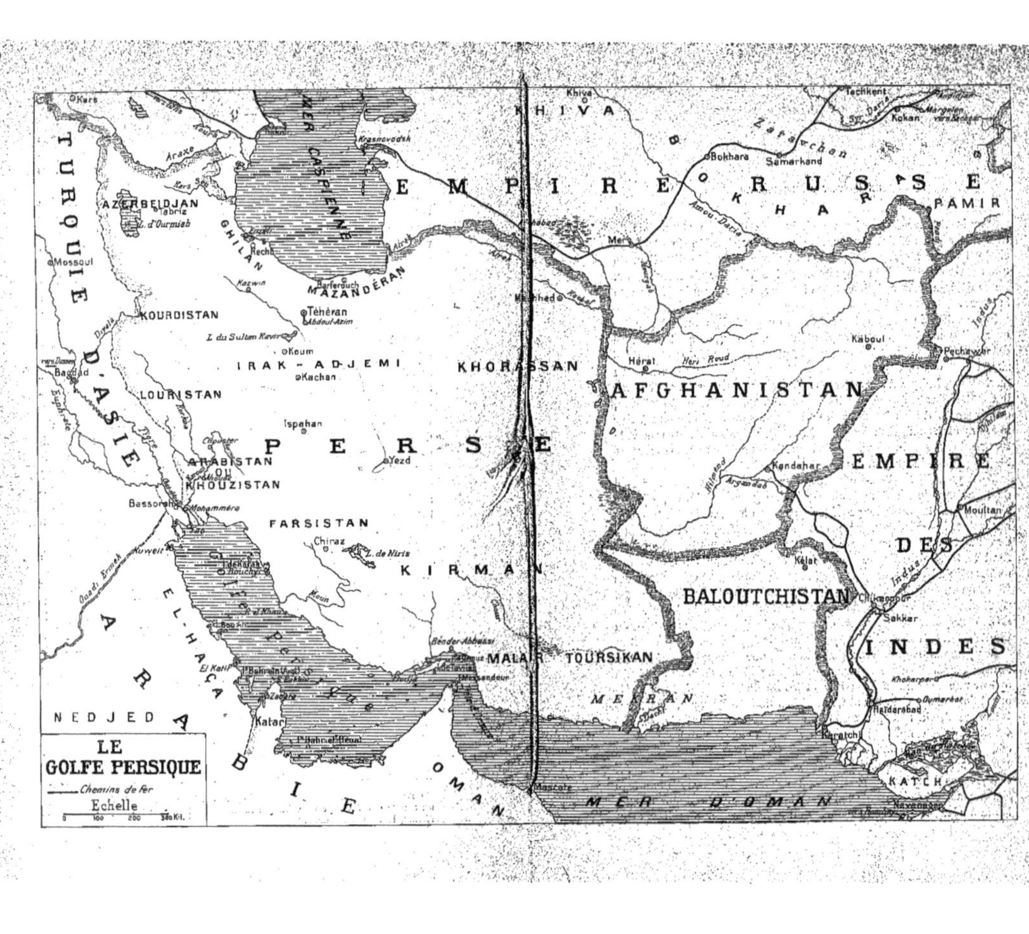

LE GOLFE PERSIQUE
Chemins de fer
Echelle
0 100 200 300 Kil.
TURQUIE D'ASIE
MER CASPIENNE
EMPIRE RUSSE
KHIVA
BOKHARA
PAMIR
AZERBEIDJAN
Tabriz
L. d'Ourmiah
GHILAN
MAZANDÉRAN
Mossoul
KOURDISTAN
Téhéran
Koum
Kachan
IRAK-ADJEMI
KHORASSAN
LOURISTAN
Ispahan
PERSE
Yezd
ARABISTAN OU KHOUZISTAN
Bassorah
Mohammera
FARSISTAN
Chiraz
L. de Niris
KIRMAN
Bender-Abbassi
MALAIR
TOURSIKAN
MEKRAN
AFGHANISTAN
Hérat
Heri Roud
Kaboul
Pechawer
Kandahar
Kelat
BALOUTCHISTAN
EMPIRE DES INDES
Moultan
Indus
Sakkar
Haïdarabad
Karatchi
KATCH
MER D'OMAN
OMAN
Mascate
Katar
El Katif
EL-HAÇA
NEDJED
ARABIE
Bagdad
Euphrate
Tigre
Koweit
Kars
Araxe
Krasnovodsk
Rechd
Kazwin
Barferouch
Abdoul-Azim
L. du Sultan Kevir
Bouchyr
Khiva
Bokhara
Samarkand
Tachkent
Kokan
Merv
Mached
Chikarpour
Zarafchan
Amou-Daria
Tabriz

III

UN CONFLIT ANGLO-PERSAN

Depuis Bender-Abbassi au sud, jusqu'à Bouchyr et au delà, la côte est, à peu de distance du rivage brûlant, bordée de plusieurs chaînes de montagnes d'un accès et d'une traversée difficiles, où une armée envahissante ne pourrait guère pénétrer et se maintenir. De ce côté, la nature, à défaut de l'homme, a pourvu à la défense de la Perse.

Par contre, le golfe est accessible, on peut dire ouvert par ses extrémités méridionale et septentrionale. Au sud, c'est le large détroit d'Ormuz. A l'autre extrémité, au nord, l'Arabistan et le Kouzistan sont des terres plates, traversées par de grands cours d'eau navigables, baignant des contrées habitées et cultivées. C'est d'abord le Chatt-el-Arab, formé par le confluent de l'Euphrate et du Tigre, qui descendent tous les deux des montagnes de l'Asie Mineure. Sur le cours et à peu près au milieu du Chatt-el-Arab se trouve la ville turque de Bassorah, en amont de laquelle les navires peuvent remonter jusqu'au delà du confluent.

Voilà pour le territoire ottoman. Sur le territoire persan, en aval de Bassorah, le Chatt-el-Arab reçoit une grande rivière appelée le Karoun, qui traverse la province persane de Fars dans son cours navigable. Une ville persane, nommée Mohamméra, s'y élève, à peu de distance du confluent avec le Chatt-el-Arab. Cette disposition, qui rend le territoire persan accessible, devait attirer l'attention des maîtres de l'Inde. Le bassin du Karoun est une porte ouverte. Vers 1840, un vapeur de la Compagnie des Indes entra dans le Karoun. C'est seulement le 20 mai 1847, sous la médiation de la Russie *et de l'Angleterre*, que Mohamméra et une partie de la côte orientale du Chatt-el-Arab furent cédées par la Turquie à la Perse.

Les premières tentatives de la Perse pour s'emparer de Hérat, à l'autre extrémité de l'empire, avaient amené la marine anglaise à opérer une descente à Bouchyr et à l'île de Karah, sise au nord-ouest de Bouchyr. Il n'y eut d'abord pas de conflit; mais, le 25 octobre 1856, l'armée persane étant entrée dans Hérat, le 11 novembre de la même année, un corps expéditionnaire anglais, composé d'environ 5.000 hommes, partait de Bombay pour le golfe Persique : il occupa d'abord l'île de Karah et Bouchyr, puis fut dirigé vers l'Arabistan persan, c'est-à-dire vers la contrée où le Karoun se jette dans le Chatt-el-Arab. Le corps anglais occupa Mohamméra et prit contact avec une troupe persane. Dans un rapport anglais sur cette rencontre, il était dit que les Anglais auraient pris les bagages et approvisionnements de l'armée persane. Lorsque la nouvelle de cette prise arriva à Téhéran, le Sadr-Azam répliqua avec bonhomie et conviction : « Ils n'ont pas pu prendre nos bagages et approvisionnements; nos troupes n'en ont jamais eu! »

Nous avons sous les yeux le texte du traité, signé le 4 mai 1857 à Paris, entre lord Cowley et Ferrouk-Khan, pour mettre fin aux hostilités et rétablir la paix entre les deux nations. Les souverains s'engageaient, la Reine à retirer ses forces du territoire persan (art. 2), le Schah de Perse à retirer les siennes de la ville et du territoire de Hérat (art. 5). Il est dit à l'article 14 : « Immédiatement après l'échange des ratifications, les troupes britanniques cesseront tout acte d'hostilité contre la Perse, et le gouvernement britannique prend en outre l'engagement qu'aussitôt que les stipulations relatives à l'évacuation d'Hérat et des territoires afghans par les troupes persanes, ainsi que celles qui règlent la réception de la mission britannique à Téhéran, auront reçu leur exécution, les troupes britanniques seront retirées sans délai de tout port, de toute ville et de toute île appartenant à la Perse. Le gouvernement britannique prend aussi l'engagement que, *dans l'intervalle*, rien ne sera fait à dessein par le commandant des forces britanniques pour affaiblir l'obéissance que les sujets persans doivent au Schah, obéissance qu'il est, au contraire, dans son sérieux désir de confirmer. Le gouvernement britannique prend encore l'engagement qu'autant que possible les sujets persans seront délivrés de toute molestation à raison de la présence des troupes anglaises, et que tous les approvisionnements qui peuvent être nécessaires à ces troupes, et que le gouvernement persan l'aidera à se procurer, seront payés au prix exécutable du marché par le commissariat anglais à leur réception. »

On ne dira pas que l'expédition anglaise de 1856 ait fait long feu, puisqu'elle a amené l'évacuation du territoire afghan; elle n'eut aucun résultat pratique dans le golfe Persique, notamment dans le Kouzistan et l'Arabistan. Cependant, comme on va le voir, les maîtres de l'Inde, dans leurs prévisions, ne perdaient point de vue la pénétration par le golfe Persique.

Il n'est pas sans intérêt de voir germer à cette date, 1856 ou 1857, une conception qui devait être relevée un demi-siècle après, mais non par ceux qui en avaient eu l'idée. J'emprunte ce qui suit à un récit publié dans la *Revue des Deux Mondes*, au moment où les Anglais occupaient encore le Kourzistan et l'Arabistan. C'est très caractéristique. « Voici longtemps, écrivait dès lors Eugène Flandrin, que l'Angleterre cherche par tous les moyens à abréger la distance qui sépare la Méditerranée de ses possessions indiennes... Elle a tenté déjà la voie de l'Euphrate .. Aujourd'hui (en 1856), elle médite l'établissement d'un chemin de fer qui traverserait la Syrie, couperait la Mésopotamie, enjamberait l'Euphrate et le Tigre pour aller déboucher quelque part sur le golfe Persique. On comprend combien cette ligne serait avantageuse au commerce et à tous les intérêts de la Compagnie des Indes, et, si ce premier projet réussissait, de quelle importance serait pour l'Angleterre la possession du littoral du golfe Persique... Les rails se prolongeraient alors jusqu'à Bender-Abbassi ou Ormuz. De ce point extrême jusqu'à Bombay, le trajet ne serait plus que de quatre ou cinq jours par bateau à vapeur. On pourrait réellement dire que la Grande-Bretagne et les Indes sont réunies. »

Nous verrons bientôt comment, après un demi-siècle, la visée britannique est sur le point de se réaliser, mais dans des conditions qu'on ne pouvait alors prévoir ni à Bombay, ni à Londres, mais peut-être ailleurs.

IV

LE FLEUVE KAROUN

Nous reprendrons le récit des compétitions européennes dans le golfe Persique en suivant l'ordre si instructif de la chronologie.

La pénétration de la Perse par le Karoun va jouer ici un grand rôle. Nous avons dit qu'en 1840 les Anglais avaient déjà fait explorer le fleuve par un bâtiment de la Compagnie des Indes. Ils en avaient constaté la navigabilité jusqu'à la ville de Chouster, non sans jeter le trouble parmi les populations du Kouzistan et du Fars. L'émotion fut grande à Téhéran, et non sans raison. Au mois de janvier 1841, une expédition, partie d'Ispahan, rétablit facilement l'ordre dans les contrées troublées par l'apparition inattendue du navire anglais. Un secrétaire de l'ambassade russe accompagnait, dit-on, l'expédition persane.

En 1887, le prince Dolgorouki obtenait l'engagement qu'aucune concession de chemin de fer ne serait accordée en Perse avant que la Russie en eût obtenu une.

Au mois de mars 1890, on apprenait à Londres que le gouvernement persan accordait aux Anglais le droit de naviguer sur le fleuve Karoun. Cette concession ne paraît pas avoir eu la portée qu'on lui avait d'abord attribuée. En effet, la Russie faisait accorder en même temps le même droit à toutes les nations européennes. En outre, les Anglais ne pouvaient pas, du moins pour le moment, remédier aux chutes du fleuve par de petits chemins de fer, la Russie ayant obtenu pour cinq ans le privilège de construire des voies ferrées sur le territoire persan. Par contre, en mai de la même année, une société anglaise rachetait d'un concessionnaire persan l'autorisation de construire une chaussée partant de Téhéran pour aboutir au fleuve Karoun, au lieu nommé Ahouaz. Cette concession est restée lettre morte. Des bruits, qui n'ont pas été confirmés par le fait, attribuaient à l'Angleterre l'intention d'acheter Mohamméra, que la Perse n'a jamais eu l'idée de vendre; mais une Compagnie anglaise a organisé la navigation du Karoun depuis quelques années. Rien de plus instructif que le récit du voyage qu'y a fait M. Curzon [1].

On considère comme une compensation la concession faite à une Compagnie russe de construire une route entre Enzéli et Téhéran. Enzéli est le port fréquenté sur la mer Caspienne dans le voisinage de Recht [2].

V

ANGLETERRE ET RUSSIE

On consultera avec utilité un rapport adressé de Bouchyr au gouvernement indien, le 23 avril 1870, par le lieutenant-colonel Pelly, alors résident politique de S. M. B. dans le golfe Persique. Le commerce britannique y était alors en progrès, ainsi qu'il résulte des tableaux annexés à cette communication.

« Il semble, dit le résident britannique que, dans le commerce du monde, il y a une tendance à reprendre les anciennes routes, à cause de l'amélioration des voies de communication; et il est possible, comme c'est généralement connu, que les routes de l'Euphrate ou du golfe Persique puissent alors reprendre leur ancien rôle comme la principale ligne de commerce entre l'Orient et l'Occident [3]. »

Les faits relatifs aux années 1839 à 1888 sont relatés dans un article récent de la *Revue de Paris*, où le testament de Pierre le Grand est rappelé.

Notons ici qu'au mois de juillet 1890, la presse annonçait qu'une Compagnie anglaise, déjà concessionnaire en Arabie, au cap Messandoun, d'un dépôt de charbon, obtenait du schah de Perse le privilège exclusif du droit de pêcher des perles dans le golfe Persique. On ajoutait que la même compagnie, moyennant une redevance assez élevée, devenait concessionnaire des mines de sel gemme et de

---

[1] *Persia*, t. II, p. 333 et suiv,

[2] La *Dépêche coloniale* (du 28 au 31 octobre 1900) publie d'intéressants détails sur la navigation et le trafic par le Karoun, ainsi que sur les visées de la Grande-Bretagne et de la Russie en ce qui concerne la pénétration économique de la Perse.

[3] Rapport adressé à la Chambre des communes, le 10 août 1871.

guano dans l'île de Tavilah et dans l'archipel d'Ormuz. Nous n'avons pu vérifier si ces concessions ont été réellement faites, ni ce qu'il en serait advenu.

Énumérant les voies de communication vers l'Inde par la Perse, le *Bulletin commercial* de Bruxelles (1898) indiquait la voie de Téhéran-Bouchyr par Ispahan et Chiraz. Il en évaluait la longueur à 1.200 kilomètres. Dans l'état rudimentaire des chemins actuels, la durée du trajet serait d'environ 55 jours.

A la même époque, une feuille russe, le *Nord*, signalait l'idée que la Russie pourrait bien faire partir de Merv un chemin de fer qui, passant par Hérat et le Béloutchistan, aboutirait à l'un des ports du golfe Persique. Le bruit était déjà bien accrédité que la Russie médite de faire du golfe Persique sa grande route maritime sur l'Inde, comme il est recommandé dans le testament attribué à Pierre le Grand. — Interrogé à la Chambre des communes, M. Curzon déclarait ignorer l'importance qu'il fallait attacher à ce bruit, importance qu'il a sans doute reconnue plus tard. Lorsque le futur vice-roi déclarait en 1892 que la Perse était comme un champ clos entre l'Angleterre et la Russie, il pensait sans doute que le conflit pourrait éclater un jour à propos du golfe Persique.

Au moment du conflit que nous avons mentionné plus haut à propos de l'affaire de Mascate, lord Curzon crut que la Russie méditait d'occuper Bender-Abbassi ou quelque autre point du golfe près Ormuz, comme terminus du chemin de fer qui doit aboutir au golfe Persique après avoir traversé les États du Schah, d'accord en cela avec le gouvernement français. Si la Grande-Bretagne paraît disposée à empêcher la Russie d'arriver au golfe Persique, la presse de Saint-Pétersbourg préconise hautement « l'arrivée à la libre mer, ouverte et chaude, par une extension aussi irrésistible que pacifique (Komarov) ». La presse indienne s'était émue. Au mois d'avril 1899, à propos des vues de la Russie sur Bender-Abbassi, le *Times of India* entreprenait de démontrer que c'est autour du golfe Persique que se préparent les orages de l'avenir et que se livre le vrai combat pour la domination politique. Notons, cependant, qu'au mois de mai de la même année, le ministre de Perse à Londres démentait le prétendu accord entre la Russie et la Perse, aux termes duquel la Russie aurait obtenu la possession d'un port sur le golfe Persique.

Malgré ces assurances, et bien que la Russie n'ait encore fait aucun acte dans le golfe, la presse anglaise, sans distinction de parti, pousse des cris d'alarme : « Il faut, s'écriait le *Globe* à la fin de mai 1899, empêcher à n'importe quel prix la Russie de s'établir sur le littoral persan, d'où elle pourrait prendre les Indes en flanc et par terre et par mer. »

Du reste, il ne s'agit pas seulement de la sécurité de l'empire indien. L'Angleterre exporte beaucoup de marchandises en Perse par le golfe. Jusqu'à Méched, dans le Korassan, elle a fait jusqu'à présent une concurrence heureuse aux importations russes. Je dis jusqu'à présent parce que, depuis 1896, la Russie paraît gagner sur sa rivale. Même au centre de la Perse, les importations anglaises par le golfe Persique tendent à diminuer[1].

Dans les premiers jours de mai 1899, on apprit à Londres, surtout par la presse allemande, mais probablement aussi par les agents anglais du lieu, qu'une commission russe, composée d'officiers d'état-major et d'ingénieurs, était, après un séjour en Perse, installée dans les environs de Bagdad, sans doute pour préparer l'aboutissement d'un chemin de fer au golfe Persique. Aussitôt un bruit, qui ne fut pas contredit à notre connaissance, annonçait l'entrée dans le golfe d'une escadrille anglaise, qui y resta nonobstant les déclarations des envoyés officiels du Schah en Europe démentant l'obtention par la Russie d'un port sur le golfe Persique. On a parlé aussi de la fondation de plusieurs consulats russes.

Je ne garantis pas l'exactitude matérielle de ces informations; mais les informations de ce genre ont leur raison d'apparaître ; elles sont toujours produites par des situations réelles, quelquefois avec une intention ferme et préméditée; elles se traduisent souvent dans les faits. En restant dans le domaine des rumeurs, mentionnons qu'en mai 1899 il a été parlé de la présence d'une escadrille russe devant Bender-Abbassi, pour y créer un dépôt de charbon. Le même bruit a été répandu en 1900. Nous n'en avons pas reçu la confirmation.

Nous avons rappelé plus haut la fondation de Bender-Abbassi, qui devient décidément le point fixe dans l'imagination britannique. Ce port n'est pas très sûr; il le cède en importance à Lindja, et surtout à Bouchyr, située au milieu de la côte orientale du golfe Persique[2].

Un fait plus grave s'est produit dans les premiers mois de l'année 1900. La banque russe des prêts de Téhéran a été autorisée à soumissionner et elle a obtenu un emprunt de 22 millions de roubles émis par la Perse, avec la garantie de toutes les douanes persanes, à l'exception de celles du Farsistan. Est-il besoin de faire ressortir l'influence qui en résultera, en faveur de la Russie, notamment pour obtenir la concession du chemin de fer aboutissant au golfe Persique ?

Interpellé à la Chambre des communes, le 20 février, M. Brodrick,

---

1 Le *Temps* du 13 août 1899 donne les chiffres.

2 On trouvera une description de ce port dans *Trois ans en Asie*, par le comte de GOBINEAU (Hachette, 1859, p. 110) et dans *Persia*, de CURZON, t. I, p. 46, 598, et 619, t. II, p. 402.

sous-secrétaire d'État, a répondu qu'il ne connaissait d'autre concession, en fait de voies de communications, que celle allant d'Enzéli sur la mer Caspienne à Kaswin, c'est-à-dire dans le nord de l'Iran. Interpellé de nouveau le 5 mars sur la question de savoir si la Russie avait commencé la construction de la voie devant aboutir au golfe Persique et sur la concession temporaire de Bender-Abbassi à la Russie, M. Brodrick a répondu qu'il n'avait reçu aucune information relative à ces allégations : il n'y avait donc pas lieu d'adresser des représentations à Saint-Pétersbourg.

Des diverses affirmations et prévisions que nous avons analysées jusqu'ici, il ne résulte rien de bien décisif sur les relations présentes des empires britannique et russe sur les bords du golfe Persique, route de l'Inde et de la Chine; mais, entre temps, il surgissait en perspective, un troisième... je dirai compétiteur.

Voilà ce que ne pouvait prévoir lord Wellington, lorsque Sa Grâce disait, un peu à la légère du reste : *Rely upon it : we have nothing to fear from Russia in the direction of India* [1].

Avant de faire apparaître la nouvelle compétition, voyons en quels termes le livre de lord Curzon liquide, pour ainsi dire, la rivalité russe : « Toute réclamation qui pourrait être mise en avant par la Russie, dit-il, pour la domination exclusive de la mer Caspienne, pourrait être soulevée avec une force dix fois plus grande par la Grande-Bretagne pour un pareil monopole du golfe Persique. Des centaines de vies britanniques et des millions d'argent britannique ont été dépensés à la pacification de ces eaux troublées... Des milliers de sujets britanniques exercent pacifiquement leur commerce sous la protection armée de l'*Union Jack*. L'Angleterre, cependant, n'élève pas des prétentions aussi arrogantes que celles de la Russie dans le cas du lac septentrional (la mer Caspienne). L'Angleterre ne demande pas que le golfe Persique devienne *mare clausum*, à l'encontre du commerce étranger. Elle n'impose pas des arrangements à des ennemis humiliés en leur ôtant le droit de déployer leur propre pavillon sur leurs propres eaux. Les navires marchands du monde entier sont libres de soulever ces vagues et de remporter des bénéfices illimités; mais, du moins, la Grande-Bretagne doit réclamer et elle réclame, en retour, pour les sacrifices auxquels elle a été soumise et pour le capital qu'elle a versé et pour l'intérêt de la paix qu'elle défend ici, qu'aucune influence politique hostile n'introduise ses traits discordants sur la scène. Un port russe dans le golfe Persique, ce rêve chéri de tant de patriotes de la Néva ou du Volga, apporterait, même en temps de paix, un élément de trouble dans la vie du golfe Persique, un élément qui détruirait le délicat

[1] Citation de *Three years of the eastern question*. Londres, 1878.

équilibre si laborieusement établi, et ébranlerait un commerce évalué à plusieurs millions de livres sterling; ce serait lâcher la bride aux passions des nationalités contestantes, déjà trop prêtes à sauter à la gorge les unes des autres. Que la Grande-Bretagne et la Russie se combattent ou apaisent leurs différends ailleurs; mais qu'elles ne changent pas en une scène de conflit sanglant le champ pacifique d'un commerce péniblement acquis. Je regarderais la concession à la Russie d'un port sur le golfe Persique par quelque puissance comme une insulte délibérée à la Grande-Bretagne, comme une folle rupture du *statu quo*, comme une provocation intentionnelle à la guerre, et je pourrais dénoncer comme un traître à son pays le ministre britannique coupable d'acquiescer à une telle concession[1]. »

VI

L'ALLEMAGNE

Il existe un service de navigation à vapeur entre Brême et Bouchyr, où un comptoir allemand échange les productions de l'empire germanique contre celles de la Perse. Il y a été installé un consul allemand. Il existe aussi en cette ville, la plus importante du golfe, un vice-consulat français.

Chez les Russes, le projet d'un chemin de fer aboutissant au golfe Persique est principalement suggéré aujourd'hui par la préoccupation, non plus d'y devancer, mais d'y concurrencer éventuellement une action allemande; on parle même d'une représentation consulaire russe à Mascate. On dit aussi que des capitaux allemands sont engagés dans la construction de la ligne russo-persane qui doit aboutir au golfe Persique. Au mois de février 1900, le *Times* prétendait que, de ce côté, l'Allemagne cherche à brouiller, sur le terrain persan, l'Angleterre avec la Russie. Tout cela est possible. Ce qui est positif, c'est la concession à l'Allemagne du chemin de fer aboutissant à Bagdad, à Bassorah, disons au golfe Persique.

Jusqu'à présent nous avons raconté des faits, en ayant soin de mettre un point d'interrogation là où nous ne pouvions pas affirmer nettement. Nous entrons ici dans la voie des probabilités, en essayant de prévoir, je ne dirai pas ce qui résultera sûrement de la situation, mais ce qui pourrait bien en résulter.

Une Compagnie allemande a donc obtenu la concession du chemin de fer qui doit aboutir au Chatt-el-Arab. Assurément, il ne sera pas établi un tarif différentiel pour le transport des colis et des voyageurs

---

[1] *Persia*, t. II, p. 465.

allemands; mais si la nationalité de l'exploitation ne procure pas un privilège direct aux productions de l'empire allemand, elle leur sera assurément utile. Spécifions aussi qu'une portion considérable du capital de construction a été fournie par une Compagnie française. De toutes manières, l'existence d'une voie rapide et sûre apportera au golfe Persique une masse considérable de produits allemands, français, suisses, etc., etc. Cette concurrence aura pour effet d'abaisser sensiblement le prix des marchandises anglaises.

L'affluence des marchandises apportées par le futur chemin de fer à Bassorah, à Fao ou à Kuweit,fournira un fret considérable à la navigation, soit sur le golfe Persique, soit sur le fleuve Karoun.

La Compagnie française des messageries maritimes, si elle obtient cette fois l'assistance nécessaire, sera amenée à rétablir, entre Bassorah et l'Inde, le service dont la peste de Bombay a occasionné la suspension.

Et l'Allemagne? Peut-on supposer qu'elle se sera engagée dans une entreprise de chemin de fer si vaste et toujours aléatoire, uniquement pour apporter du fret à la navigation britannique? Il est à prévoir que les actionnaires du chemin de fer ou d'autres capitalistes voudront installer des services maritimes pour le transport des marchandises et des voyageurs entre le golfe Persique, l'Inde et la Chine. Une telle concurrence aurait nécessairement pour effet d'abaisser le prix du fret dont les compagnies anglaises profitent seules aujourd'hui à des taux relativement élevés. Les Anglais n'auront rien gagné en définitive à se mettre au service du Croissant, en 1622, pour expulser les Portugais.

Enfin, le *New-York Herald* annonçait récemment qu'un accord secret serait intervenu entre la Turquie et l'Allemagne, en vertu duquel le Sultan loue à l'Allemagne les pêcheries de perles du golfe Persique et lui concède le droit d'établir des stations sur le littoral pour la protection de ces pêcheries.

En somme, dans cette affaire, comme dans tant d'autres, tout le monde pourrait bien avoir, comme on dit vulgairement, « travaillé pour le roi de Prusse ».

A. D'AVRIL.

Paris. — Imprimerie F. Levé, rue Cassette, 17.

5e Année. QUESTIONS Le Numéro : 1 fr.

DIPLOMATIQUES ET COLONIALES

REVUE DE POLITIQUE EXTÉRIEURE

PARAISSANT LE 1er ET LE 15 DE CHAQUE MOIS

Rédaction et Administration : 16, RUE CASSETTE, PARIS, VIe

CONDITIONS D'ABONNEMENT

	UN AN	SIX MOIS
France, Algérie et Tunisie	10 fr. »»	6 fr.
Autres colonies	12 fr. 50	7 fr.
Etranger et Union postale	15 fr. »»	8 fr.

Le but qu'on a voulu atteindre en fondant les **Questions Diplomatiques et Coloniales** a été de créer, en dehors et au-dessus de nos dissensions intérieures, un organe impartial, absolument libre de tous liens, qui, par des renseignements exacts, par des études compétentes, mît ses lecteurs en mesure de discerner, dans la mêlée des intérêts, dans le conflit des ambitions et des rivalités internationales, l'intérêt français, traditionnel et actuel.

PARIS. — IMPRIMERIE F. LEVÉ, RUE CASSETTE, 17.

www.ingramcontent.com/pod-product-compliance
Lightning Source LLC
LaVergne TN
LVHW020455230826
846091LV00008BA/3222

9782019918309